생각곰곰 01

138억 년 전 빅뱅에서 시작된 너의 여행

글·그림 사카이 오사무 | 옮김 우지영 | 추천 김상욱

초판 1쇄 발행 2019년 1월 15일 | 초판 4쇄 발행 2025년 6월 16일 | ISBN 979-11-5836-122-8, 979-11-5836-120-4(세트)

펴낸이 임선희 | 펴낸곳 ㈜책읽는곰 | 출판등록 제2017-000301호 | 주소 서울시 마포구 성지길 48 | 전화 02-332-2672~3 | 팩스 02-338-2672 | 홈페이지 www.bearbooks.co.kr | 전자우편 bear@bearbooks.co.kr | SNS Instagram@bearbooks_publishers | 편집 우지영, 우진영, 이다정, 최아라, 박혜진, 김다예, 윤주영, 도아라, 홍은채 | 디자인 강효진, 김은지, 강연지, 윤금비 | 마케팅 정승호, 배현석, 김선아, 이서윤, 백경희, 김현정 | 경영관리 고성림, 이민종 | 저작권 민유리 | 협력업체 이피에스, 두성피앤엘, 월드페이퍼, 원방드라이보드, 해인문화사, 으뜸래핑, 문화유통북스

《13800000000 NEN KIMI NO TABI》 by Osamu Sakai © ROBOT, 2018
Book Design: Kyoko Nozawa (Permanent Yellow Orange)
Supervisor: Toshiaki Kuramochi (National Museum of Nature and Science)
All rights reserved.
Original Japanese edition published by Kobunsha Co., Ltd.
Korean translation rights arranged with Kobunsha Co., Ltd.
Korean translation is published in Bear Books Inc. through BC Agency, Seoul.
This book is based on the exhibition of 〈Navigation on History of Earth〉 in National Museum of Nature and Science, Tokyo.
(© National Museum of Nature and Science/NOMURA·TANSEISHA/ROBOT)

이 책의 한국어판 저작권은 BC에이전시를 통해 저작권자와 독점 계약한 ㈜책읽는곰에 있습니다. 저작권법에 따라 한국 내에서 보호받는 저작물이므로 무단전재와 복제를 금합니다.
이 책 내용의 전부 또는 일부를 사용하시려면 반드시 저작권자와 출판사의 동의를 얻어야 합니다.

KC마크는 이 제품이 공통안전기준에 적합하였음을 의미합니다.
제조국 : 대한민국 | 사용 연령 : 3세 이상
책 모서리에 부딪히거나 종이에 베이지 않도록 주의해 주세요.

사카이 오사무 글·그림 | 우지영 옮김

# 13800000000 너의 여행

### 138억 년 전 빅뱅에서 시작된

너는 '원자'라는 작은 알갱이로 이루어져 있어.
원자는 너무 작아서 현미경으로도 볼 수 없지만,
네 몸은 수많은 원자가 모여 이루어진 거란다.

옛날 옛날 아주 먼 옛날에
너는 그저 하나의 원자였어.

138억 년이라는 긴 시간을 여행하면서,
조금씩 모습이 바뀌어 지금의 네가 되었지.
여행한 기억 같은 건 없다고 생각하겠지만,
네 몸에는 그 기억이 남아 있어.
너는 어떤 여행을 해 왔을까?
138억 년 전에 시작된 너의 여행을 한번 돌아볼까?

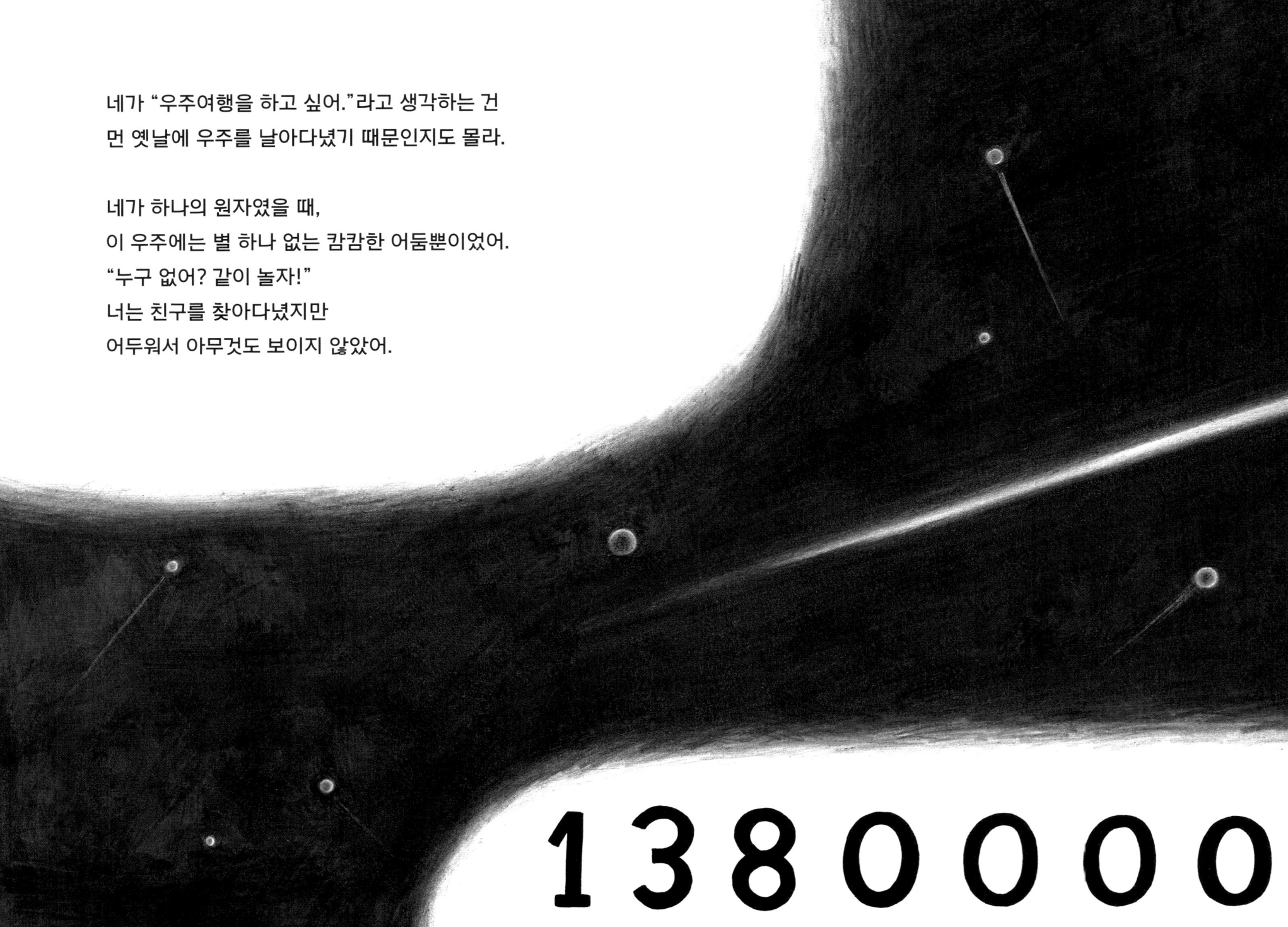

네가 "우주여행을 하고 싶어."라고 생각하는 건
먼 옛날에 우주를 날아다녔기 때문인지도 몰라.

네가 하나의 원자였을 때,
이 우주에는 별 하나 없는 캄캄한 어둠뿐이었어.
"누구 없어? 같이 놀자!"
너는 친구를 찾아다녔지만
어두워서 아무것도 보이지 않았어.

1380000

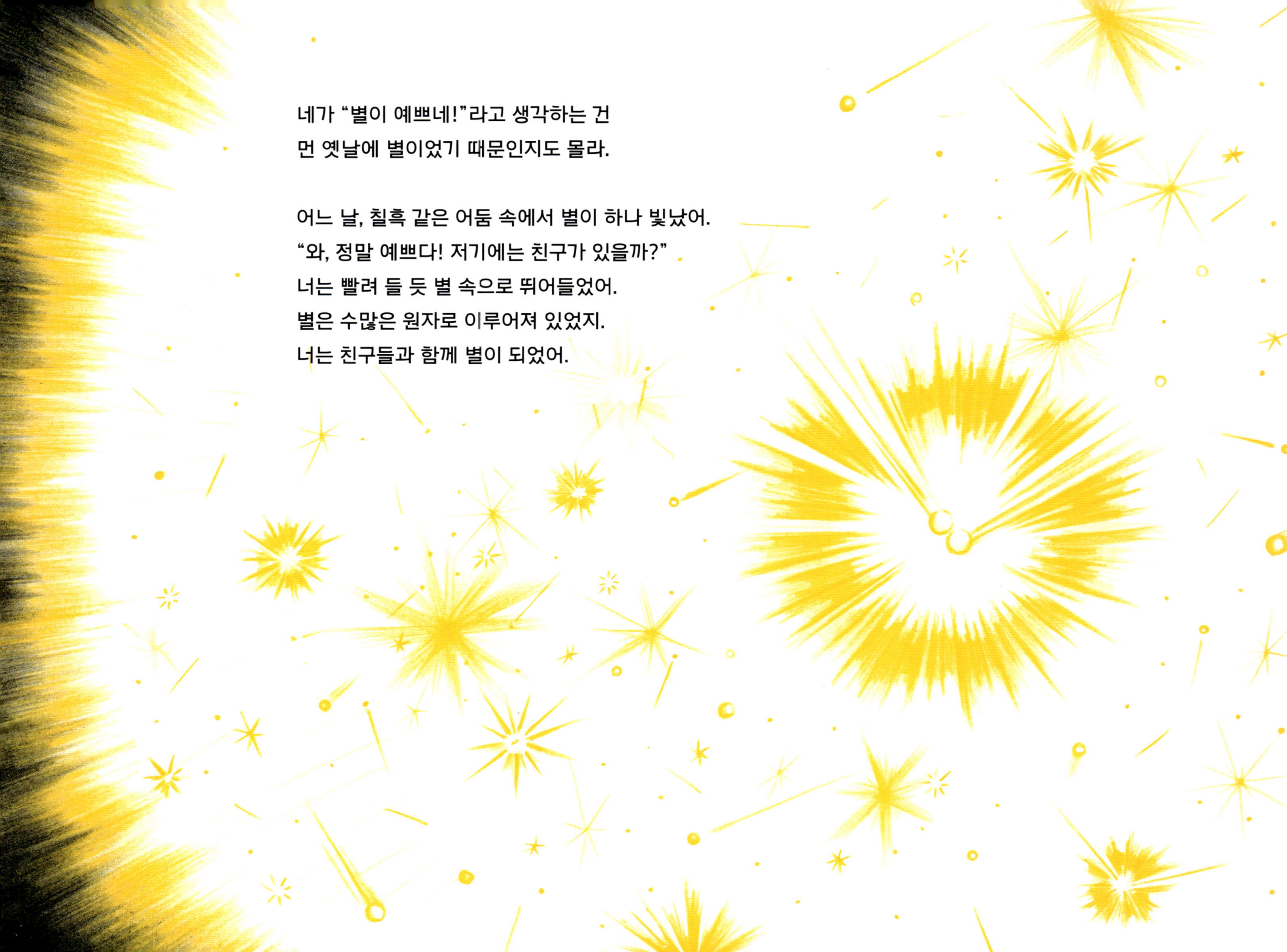

네가 "별이 예쁘네!"라고 생각하는 건
먼 옛날에 별이었기 때문인지도 몰라.

어느 날, 칠흑 같은 어둠 속에서 별이 하나 빛났어.
"와, 정말 예쁘다! 저기에는 친구가 있을까?"
너는 빨려 들 듯 별 속으로 뛰어들었어.
별은 수많은 원자로 이루어져 있었지.
너는 친구들과 함께 별이 되었어.

"신난다! 친구를 더 모으자."
원자가 점점 늘어나자 별도 점점 커졌어.
머지않아 별은 너무 커져서 대폭발을 일으켰어.
너는 또 우주로 튕겨 나갔지.

네가 "난 우주인이 아닐까?"라고 생각하는 건
먼 옛날에 우주에서 왔기 때문인지도 몰라.

원자는 우주에 별을 잔뜩 만들었어.
그중에는 모여서 모래알이 된 원자도 있어.
모래알은 모여 돌멩이가 되고, 돌멩이는 모여 별똥별이 되었지.
별똥별은 서로 부딪치고 녹아 마그마가 넘실대는 별이 되었어.
우주는 몹시 소란스러워졌어.

"좋았어, 또 다른 별에 가 볼래."
너는 가까이 있는 별똥별을 타고,
마그마가 넘실대는 별로 갔어.

460000

**마그마**가 넘실대는 별은 갓 태어난 지구였어.

**별똥별**이 와서 부딪치는 일이 잦아들자,
마그마는 차츰 식어서 굳어졌지.
마그마에서 수증기가 뭉게뭉게 피어올라 짙은 구름이 되고,
1000년 동안 비가 내려 바다가 생겨났어.
너는 비에 섞여 바다로 녹아들었어.

"바다에 있으니까 기분이 좋네! 지구는 온통 바다일까?"
너는 지구를 좀 더 탐험해 보고 싶었지만,
바닷속을 흔들흔들 떠다니는 것 말고는 아무것도 할 수 없었어.

네가 바다를 보면 설레는 건
먼 옛날에 바다 생물이었기 때문인지도 몰라.

바닷속에서도 수많은 원자가 여러 가지 것을 만들어 냈어.
끈같이 생긴 것, 비눗방울같이 생긴 것,
이런저런 것들이 모여 '세포'가 되었어.

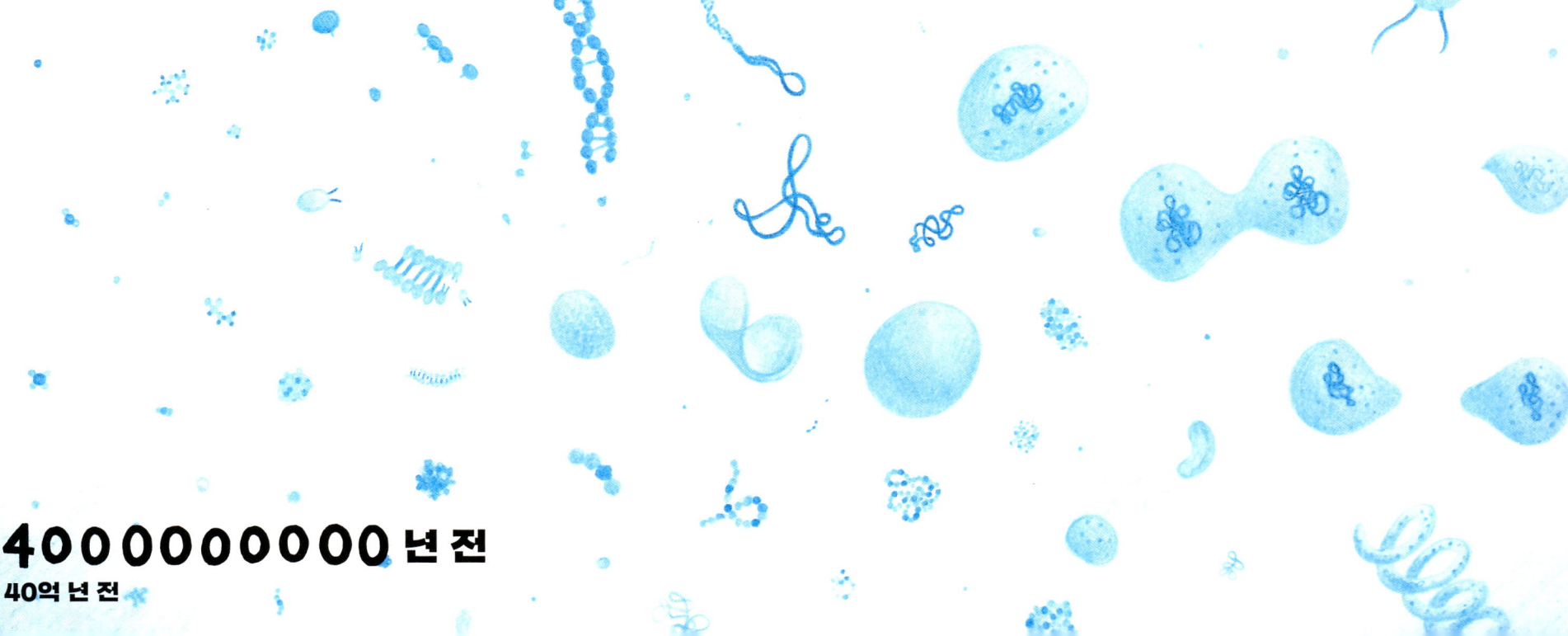

**4000000000년 전**
40억 년 전

현미경으로나 겨우 볼 수 있을 만큼 작은 세포지만,
너는 꼬리를 흔들며 움직일 수 있게 되었어.
"됐다, 나도 몸이 생겼어! 움직일 수도 있어!"
너는 세포를 자꾸자꾸 늘려 더 큰 몸을 만들기 시작했어.

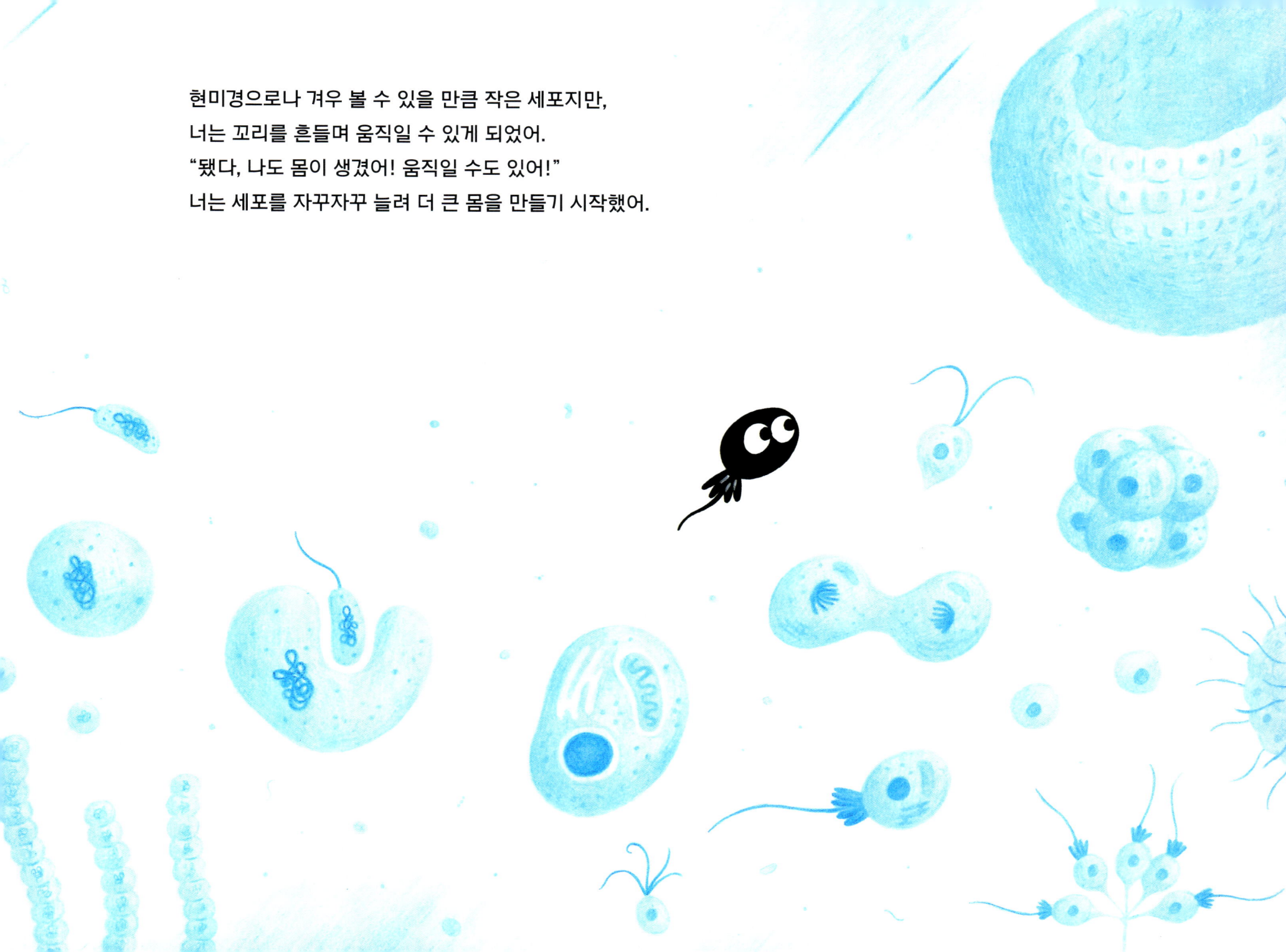

네가 잠시도 가만히 있지 못하는 건
먼 옛날에 바다 밑바닥에 붙어 살았기 때문인지도 몰라.

세포도 원자처럼 세포끼리 모여
해파리나 지렁이 비슷한 생물이 되기도 했어.
너는 그릇을 닮은 생물이 되어 바다 밑바닥에 붙어 있었지.

"좋겠다, 헤엄칠 수 있어서."
너는 발돋움도 해 보고 몸을 흔들어도 보았지만,
헤엄은커녕 움직일 수조차 없었어.

↑ **580000000년 전**
| 5억 8000만 년 전

5 4 0 0 0 0 0 0 0년 전
5억 4000만 년 전

네가 변신 로봇을 좋아하는 건
먼 옛날에 물고기로 변신했기 때문인지도 몰라.

세포는 네가 헤엄칠 수 있도록
차츰차츰 뼈도 만들고 지느러미도 만들었어.

"됐어, 나도 이제 헤엄칠 수 있어!"
너는 친구와 함께 바다를 헤엄쳐 다녔어.

**460000000**년 전
4억 6000만 년 전

**410000000**년 전
4억 1000만 년 전

너는 바다에서 강으로 갔어.

물 밖으로 고개를 조금 내밀어 보니,
햇살은 눈부시고 바람은 기분 좋게 불어왔지.
물 밖에서도 세포가 식물과 곤충이 되어 살고 있었어.

"좋겠다, 물 밖으로 나갈 수 있어서."
너는 지느러미를 열심히 퍼덕거려 보았지만,
땅 위를 걸어 다닐 수는 없었어.

네가 밖에 나가면 뛰고 싶어 하는 건
먼 옛날에 물 밖에서 살고 싶어 열심히 연습했기 때문인지도 몰라.

너는 물 밖으로 나가려고 연습에 연습을 거듭했어.
그러자 세포가 또 몸을 차츰차츰 바꾸어 갔어.
지느러미가 다리로 변하고, 코로 숨을 쉬게 되고,
물 밖에서도 몸이 마르지 않게 되었지.

"됐어, 나도 이제 물 밖에서 살 수 있어!"
너는 숲에서 살게 되었어.

400000000년 전
4억 년 전

↑ 310000000년 전
3억 1000만 년 전

네가 공룡을 좋아하는 건
먼 옛날에 공룡이 되고 싶어 했기 때문인지도 몰라.

너는 쥐 비슷한 동물이었기 때문에
공룡이 널 잡아먹지 못하게 해야 했어.
새끼도 쉽사리 잡아먹히지 않도록
알을 낳는 대신 배 속에서 기른 뒤 낳았지.

**250000000년 전**
2억 5000만 년 전

**200000000년 전**
2억 년 전

"좋겠다, 커다래서."
너는 밥을 잔뜩 먹었지만,
공룡이 될 수는 없었어.

140000000년 전
1억 4000만 년 전

# 콰과과과과—광!

오랜만에 커다란 운석이 떨어졌어.
그 바람에 공룡이 전부 사라져 버렸지.

66000000년 전
6600만 년 전

살아남은 생물은 여러 곳에서 살기 시작했어.
너는 몸집이 커지지는 않았어.
대신 나무 위에서 살게 되었지.
"나무 위에서 보니까 경치가 좋구나!
좋았어, 숲 가장자리까지 가 보자."

60000000년 전
6000만 년 전

숲 바깥에는 초원이 펼쳐져 있었어.
너는 나무에서 내려와 뒷다리로 벌떡 일어섰어.
이렇게 너는 사람이 되었단다.

**7000000년 전**
700만 년 전

**4400000년 전**
440만 년 전

네가 퍼즐이나 블록을 좋아하는 건
먼 옛날부터 여러 가지 도구를 만들어 왔기 때문인지도 몰라.

원자가 별과 지구와 세포를 만들었듯,
세포가 동물과 식물을 만들었듯,
사람은 여러 가지 것들을 짜 맞춰 도구를 만들었어.

600000년 전
60만 년 전

너는 두 손이 자유로워지자,
돌을 쪼개고 나무를 자르고 불을 피우고 땅을 갈아엎었어.
옷을 입고 집에서 지내고 요리를 했지.

**200000년 전**
20만 년 전

**10000년 전**
1만 년 전

**5000년 전**
5000년 전

네가 기차나 자동차를 좋아하는 건
먼 옛날에 그걸 발명했기 때문인지도 몰라.

사람은 해와 달, 별의 움직임을 관찰해 시계를 만들고,
물과 불을 이용해 기차와 자동차를 달리게 했어.
망원경으로 먼 별을 보고,
현미경으로 작은 세포를 찾아냈지.

너는 원자가 만든 것들을 활용해
편리한 도구를 잔뜩 만들어 냈어.

1년
기원후 1년

1500년

1800년

1900년

네가 슈퍼 히어로를 좋아하는 건
먼 옛날에 몇 번이나 누군가의 부축을 받았기 때문인지도 몰라.

너는 사람이 된 뒤에도 몇 번이나 위험한 순간을 겪었어.
때로는 엄청난 지진이나 태풍이 왔어.
목숨을 앗아 가는 병이 마을에 퍼지기도 했어.
사람들끼리 전쟁을 일으키기도 했지.
그때마다 너는 누군가의 도움을 받았단다.

1940년

네가 좋아하는 일에 빠져드는 건
먼 옛날부터 수많은 꿈을 이루어 왔기 때문인지도 몰라.

네가 당연하게 여기는 하루하루는,
원자였고 세포였고 옛날 사람이었던 네가
오랜 시간을 들여 만들어 온 거야.

↑ 1960년

↑ 1980년

여행의 과정에서 어느 하나라도 빠졌다면
너는 이 세상에 태어나지 못했을지도 몰라.

1990년　　2000년

그저 하나의 원자였던 너는
138억 년을 걸어와
엄마와 아빠의 아이가 되었단다.

어때?
먼 옛날 너의 이야기,
무언가 떠오르지 않니?

지금

# 과학 박물관에 가 보자!

과학 박물관에는 신기한 게 많아.
우주에서 온 운석, 지구의 역사를 엿볼 수 있는 공룡 화석이나
여러 가지 생물 표본, 망원경, 기관차, 로켓에 이르기까지
이 책에 나오는 것들을 모두 만날 수 있지.
네가 늘 "왜?", "어째서?" 하고 궁금해하던 것들의
답을 찾을 수 있을지도 몰라.

**캄포 델 시에로 운석**

아르헨티나에서 발견된 운석으로
신석기 시대에 지구에 떨어진 것으로 보인다.
철이 주요 성분이라 '철운석' 또는
'철질 운석'이라고 불리는 종류이다.

## 일본 국립 과학 박물관 〈지구 역사 여행〉

도쿄에 있는 일본 국립 과학 박물관에 가면 〈지구 역사 여행〉이라는 애니메이션 전시를 만날 수 있어.
138억 년 전 빅뱅에서 출발해 오늘날에 이르는 긴 여행 이야기를 담았지.
이 책은 〈지구 역사 여행〉 전시의 내용에서 시작되었어.

### 알로사우루스 화석

1억 5000만 년 전 쥐라기 시대의
가장 크고 강력한 육식 공룡 중 하나였다.
자기보다 덩치 큰 초식 공룡은 물론이고
같은 육식 공룡까지도 먹이로 삼았다고 한다.

### 기상 위성

봄철 황사와 여름철 태풍, 집중 호우 같은
여러 기상 현상을 관측하는 인공위성이다.
구름의 움직임을 통해 바람의 방향을 알아채고
작은 날씨의 변화까지도 확인할 수 있다.

사진 제공: 일본 국립 과학 박물관, 노무라 공예사 · 단세이사 설계 시공 공동 기업

## 세상 모든 것과 연결된 우리의 이야기

세상 모든 것은 원자로 이루어져 있습니다. 내 몸은 물론이거니와 우리가 날마다 사용하는 책상도, 저 하늘의 태양까지도 본바탕은 원자이지요. 내 몸을 이루는 수소 원자와 태양을 이루는 수소 원자는 완전히 똑같습니다. 원자만 놓고 본다면 생물과 무생물을 가르는 것은 의미가 없습니다. 이렇게 우리는 세상 모든 것들과 연결되어 있습니다.

역사라고 하면 대개 인간이 문자를 만든 이후에 일어난 인간들 사이의 사건만을 다룹니다. 하지만 세상 모든 것들이 서로 연결되어 있다는 것을 안다면, 좀 더 큰 시각으로 역사를 바라보게 되지 않을까요? 우주의 시작으로부터 역사를 다루는 시각을 '빅 히스토리'라고 합니다. 빅 히스토리 관점으로 볼 때, 우주의 탄생에서 시작하여 별과 지구의 형성, 생명의 탄생과 진화로 이어지는 어마어마한 시간 속에 인간의 삶과 역사도 담겨 있습니다.

빅 히스토리를 이해하면 인간이 지구상의 다른 모든 생명체뿐만 아니라 지구, 아니 우주 전체와도 연결되어 있음을 느끼게 됩니다. 더 나아가 인간을 민족과 국가로 쪼개어진 사회 집단의 구성원이 아니라 '호모 사피엔스'라는 하나의 종으로 보게 됩니다. 지금 인류는 수많은 문제 앞에 서 있습니다. 때때로 이들 문제를 해결할 때 민족과 국가라는 틀이 걸림돌이 되기도 하지요. 바로 지금이 보다 넓은 눈으로 세상을 바라볼 때입니다. 인류를 하나로 묶어 주고, 우리를 지구 생명 공동체의 시각으로 보도록 하는 데 빅 히스토리의 관점이 큰 역할을 할 것이라 생각합니다.

이 책은 빅 히스토리가 무엇인지 아이의 눈높이에서 설명해 줍니다. 빅 히스토리를 이해하기 위해서 두꺼운 책을 읽어야 할 필요는 없습니다. 우리가 세상과 연결되어 있다는 사실을 시간 순서로 짚어 보는 과정이 중요하지요. 바로 이 책이 이야기하는 바입니다. 짧은 이야기지만 그 여운도 적지 않습니다. 아이와 함께 138억 년 전 빅뱅에서 시작된 긴 여행 이야기를 나눠 보세요. 세상을 보는 아이의 시야가 한층 더 넓어질 수 있으리라 생각합니다.

물리학자 김상욱

### 우리 주변의 과학 박물관들

강화자연사박물관
museum.ganghwa.go.kr

고성공룡박물관
museum.goseong.go.kr

국립과천과학관
www.sciencecenter.go.kr

국립어린이과학관
www.csc.go.kr

국립중앙과학관
www.science.go.kr

서대문자연사박물관
namu.sdm.go.kr

서울시립과학관
science.seoul.go.kr

서울특별시교육청융합과학교육원
ssei.sen.go.kr

### 사카이 오사무 글·그림

일본 다마미술대학교에서 그래픽을 공부했고, 애니메이션, 일러스트레이션, 그림책 등 다양한 창작 활동을 합니다. 일본 국립 과학 박물관 지구관의 〈지구 역사 여행〉 전시 애니메이션 감독을 맡았습니다. 쓰고 그린 책으로《흡 들이쉬고 후 내쉬고》,《황금 목장》 들이 있으며, NHK 애니메이션 〈포포 루이즈〉, 〈커다란 배〉 들을 만들었습니다.

### 일본 국립 과학 박물관 감수

이 책은 일본 국립 과학 박물관 지구관 1층에 전시된 〈지구 역사 여행〉의 내용을 바탕으로 이루어졌습니다. 박물관은 도쿄의 우에노 공원에 있습니다. http://www.kahaku.go.jp/

### 우지영 옮김

중앙대학교에서 문학을 공부했고, 지금은 어린이책 만드는 일을 합니다. 아직 세상에 나오지 않은 책을 가장 먼저 만나는 일에 큰 기쁨을 느끼며, 앞으로도 어린이를 울고 웃게 하는 멋진 책을 만들고 싶어 합니다. 그림책《연이네 설맞이》와《가나다는 맛있다》의 글을 썼고,《내 맘도 모르면서》,《사랑해 100번》,《상어 마스크》,《내가 만든 특급 열차》 들을 우리말로 옮겼습니다.

### 김상욱 추천

고등학생 때 양자물리학자가 되기로 마음먹은 후, 카이스트 물리학과를 졸업하고 같은 대학원에서 박사 학위를 받았습니다. 2018년부터 경희대학교 물리학과에서 학생들을 가르치고 있으며, 다른 사람들과 앎을 공유하는 것을 무엇보다도 행복하게 여깁니다. 과학을 널리 알릴수록 우리 사회에 과학적 사고방식이 자리 잡을 것이고, 그러면 이 세상이 좀 더 살기 좋은 곳이 될 거라 믿고 있습니다. 지은 책으로《김상욱의 과학공부》,《김상욱의 양자 공부》,《떨림과 울림》 들이 있습니다.